国家出版基金项目
NATIONAL PUBLICATION FOUNDATION

记住乡愁

——留给孩子们的中国民俗文化

刘魁立◎主编

第七辑 民间礼俗辑

本辑主编 萧 放

婚 礼

林 加◎编著

黑龙江少年儿童出版社

序

亲爱的小读者们，身为中国人，你们了解中华民族的民俗文化吗？如果有所了解的话，你们又了解多少呢？

或许，你们认为熟知那些过去的事情是大人们的事，我们小孩儿不容易弄懂，也没必要弄懂那些事情。

其实，传统民俗文化的内涵极为丰富，它既不神秘也不深奥，与每个人的关系十分密切，它随时随地围绕在我们身边，贯穿于整个人生的每一天。

中华民族有很多传统节日，每逢节日都有一些传统民俗文化活动，比如端午节吃粽子，听大人们讲屈原为国为民愤投汨罗江的故事；八月中秋望着圆圆的明月，遐想嫦娥奔月、吴刚伐桂的传说，等等。

我国是一个统一的多民族国家，有 56 个民族，每个民族都有丰富多彩的文化和风俗习惯，这些不同民族的民俗文化共同构筑了中国民俗文化。或许你们听说过藏族长篇史诗《格萨尔王传》

中格萨尔王的英雄气概、蒙古族智慧的化身——巴拉根仓的机智与诙谐、维吾尔族世界闻名的智者——阿凡提的睿智与幽默、壮族歌仙刘三姐的聪慧机敏与歌如泉涌……如果这些你们都有所了解，那就说明你们已经走进了中华民族传统民俗文化的王国。

你们也许看过京剧、木偶戏、皮影戏，看过踩高跷、耍龙灯，欣赏过威风锣鼓，这些都是我们中华民族为世界贡献的艺术珍品。你们或许也欣赏过中国古琴演奏，那是中华文化中的瑰宝。1977年9月5日美国发射的"旅行者1号"探测器上所载的向外太空传达人类声音的金光盘上面，就录制了我国古琴大师管平湖演奏的中国古琴名曲——《流水》。

北京天安门东西两侧设有太庙和社稷坛，那是旧时皇帝举行仪式祭祀祖先和祭祀谷神及土地的地方。另外，在北京城的南北东西四个方位建有天坛、地坛、日坛和月坛，这些地方曾经是皇帝率领百官祭拜天、地、日、月的神圣场所。这些仪式活动说明，我们中国人自古就认为自己是自然的组成部分，因而崇信自然、融入自然，与自然和谐相处。

如今民间仍保存的奉祀关公和妈祖的习俗，则体现了中国人崇尚仁义礼智信、进行自我道德教育的意愿，表达了祈望平安顺达和扶危救困的诉求。

小读者们，你们养过蚕宝宝吗？原产于中国的蚕，真称得上伟大的小生物。蚕宝宝的一生从芝麻粒儿大小的蚕卵算起，中间经历蚁蚕、蚕宝宝、结茧吐丝等过程，到破茧成蛾结束，总共四十余天，却能为我们贡献约一千米长的蚕丝。我国历史悠久的养蚕、丝绸织绣技术自西汉"丝绸之路"诞生那天起就成为东方文明的传播者和象征，为促进人类文明的发展做出了不可磨灭的贡献！

小读者们，你们到过烧造瓷器的窑口，见过工匠师傅们拉坯、上釉、烧窑吗？中国是瓷器的故乡，我们的陶瓷技艺同样为人类文明的发展做出了巨大贡献！中国的英文国名"China"，就是由英文"china"（瓷器）一词转义而来的。

中国的历法、二十四节气、珠算、中医知识体系，都是中华民族传统文化宝库中的珍品。

让我们深感骄傲的中国传统民俗文化博大精深、丰富多彩，课本中的内容是难以囊括的。每向这个领域多迈进一步，你们对历史的认知、对人生的感悟、对生活的热爱与奋斗就会更进一分。

作为中国人，无论你身在何处，那与生俱来的充满民族文化DNA的血液将伴随你的一生，乡音难改，乡情难忘，乡愁恒久。这是你的根，这是你的魂，这种民族文化的传统体现在你身上，是你身份的标识，也是我们作为中国人彼此认同的依据，它作为一种凝聚的力量，把我们整个中华民族大家庭紧紧地联系在一起。

《记住乡愁——留给孩子们的中国民俗文化》丛书，为小读者们全面介绍了传统民俗文化的丰富内容：包括民间史诗传说故事、传统民间节日、民间信仰、礼仪习俗、民间游戏、中国古代建筑技艺、民间手工艺……

各辑的主编、各册的作者，都是相关领域的专家。他们以适合儿童的文笔，选配大量图片，简约精当地介绍每一个专题，希望小读者们读来兴趣盎然、收获颇丰。

在你们阅读的过程中，也许你们的长辈会向你们说起他们曾经的往事，讲讲他们的"乡愁"。那时，你们也许会觉得生活充满了意趣。希望这套丛书能使你们更加珍爱中国的传统民俗文化，让你们为生为中国人而自豪，长大后为中华民族的伟大复兴做出自己的贡献！

亲爱的小读者们，祝你们健康快乐！

二○一七年十二月

目 录

千年婚礼之宗：『六礼』婚礼

|千年婚礼之宗："六礼"婚礼|

在许多古代典籍中，婚礼被写作"昏礼"。这是为什么呢？在《说文解字》中，"婚"被这样解释："婚，妇家也。礼，娶妇以昏时。"第二句话的意思是说婚礼迎娶新娘的时间在黄昏。所以说婚礼写作"昏礼"，的确与婚礼的迎娶时间在黄昏有关。"婚，妇家也"是什么意思呢？这是说"婚"指的是女方这一家人。在古代，婚姻的意思与今天不同，是指经过婚礼缔结关系的新郎与新娘的两个家族，男家为姻，女家为婚。这也就是《礼记》所说："昏礼者，将合二姓之好。"即婚礼能使两

|《礼记》|

个不同姓氏的家族交好。

那么，婚礼有什么意义呢？婚礼是婚姻关系确立的标志，是我们每个人成长的重要人生仪礼，是不同家庭、家族之间缔结关系的契机，还是整个社会延续和发展的重要制度。

第一节 从《诗经·卫风·氓》说起

在先秦诗歌《诗经·卫

风·氓》里有这样的诗句：

氓之蚩蚩，抱布贸丝。匪来贸丝，来即我谋。送子涉淇，至于顿丘。匪我愆期，子无良媒。将子无怒，秋以为期。

乘彼垝垣，以望复关。不见复关，泣涕涟涟。既见复关，载笑载言。尔卜尔筮，体无咎言。以尔车来，以我贿迁。

上面这段诗文的大致意思是说：在春秋战国时期的卫国，有一个憨厚的小伙子看上了一位姑娘，想娶她为妻，于是抱着布匹假装去女家换丝，而实际上是找机会去谈论婚事。姑娘看小伙子一表人才，也特别喜欢他。后来小伙子又去找了姑娘几次，可婚事始终没有确定下来。这一天，姑娘再次送小伙子离开时，小伙子为此发起了脾气。姑娘赶紧解释说不是自己失约不订下婚事，而是因为小伙子没有派出合适的媒人来说媒，不合礼仪制度。希望小伙子不要生气，等秋天到了再来迎娶！后来，姑娘一直等啊，望啊，始终没等来小伙子，竟急得哭了起来。再后来，姑娘终于盼到小伙子来了，并且通过卜筮仪式，得知二人是合适的。姑娘很是开心，表示等到婚期到时让小伙子赶着婚车来，搬运自己的嫁妆！

从这个卫国小伙子的故事里我们可以看到，在几千年前的先秦时期，男女想要结婚，光是两情相悦是不够的，还必须要有合适的媒人说媒，这样才符合礼仪制度。而这里所说的礼仪制度就是当时的婚礼。那么，当时的婚礼都有哪些仪式、流程呢？

第一礼，纳采。先秦典籍《仪礼》指出："昏礼，下达纳采，用雁。"意思是说婚礼在进行纳采礼时，男家派出使者带着大雁作为礼物去女家拜访，询问女家的意愿，女家若是愿意，则进行下一步。这有点类似于后来的提亲。

在《左传·昭公元年》中记载："郑徐吾犯之妹美，公孙楚聘之矣，公孙黑又使强委禽焉。"意思是说郑国徐吾犯的妹妹很漂亮，公孙楚已经向徐家下聘订婚了，但是公孙黑又硬派人送去大雁作为礼物提亲。晋代杜预注释说："禽，雁也，纳采用雁。"那么，为什么古人

行纳采礼要用大雁呢？这有多种说法，这里介绍两种。其一，大雁是一种候鸟，每年秋分时节南去，春分时节北回，从不失约，所以借此暗指男女两家在完成婚礼前会信守约定。其二，大雁失去伴侣之后，就不再独活，以此来暗指夫妻二人能够彼此忠贞、恩爱。但是因为大雁相对难以捕捉，所以后来也有用鹅代替大雁的。此外，除了纳采要用大雁作为礼物，在"六礼"中，问名、纳吉、请期、亲迎也要用大

| 大雁 |

5

雁作为礼物。

第二礼，问名。汉代郑玄解释说："问名者，将归卜其吉凶。"意思是说，纳采礼后男家的使者带着大雁作为礼物来到女家，询问女子的名字带回男家。男家将男女二人的名字拿去卜测吉凶。

那么，先秦婚礼为什么要问名呢？在《左传·僖公二十三年》中记载："男女同姓，其生不蕃。""蕃"是"多"的意思，这句话是说如果男女同姓氏，那么他们结婚后子孙就不会繁盛。所以问名可以避免同姓结婚。这也是为什么婚礼是"合二姓之好"，而不是"一姓之好"的原因。在《论语·述而》中记载了这样一个故事：

陈司败问："昭公知礼乎？"孔子曰："知礼。"孔子退，揖巫马期而进之，曰："吾闻君子不党，君子亦党乎？君取于吴，为同姓，谓之吴孟子。君而知礼，孰不知礼？"

陈司败是陈国主管司法的官，他来到鲁国，一阵寒暄后问孔子："昭公是个知晓礼仪的国君吗？"孔子回答道："他知礼。"孔子说完就离开了，这时陈司败趁孔子的弟子巫马期没有离去便向他作揖说道："我听说君子不结朋党，不崇拜权势，难道如今君子也不免俗了吗？贵国的昭公从吴国娶得了妻子，吴国与鲁国为同一个姓氏，都姓姬，昭公因此就叫这个吴国妻子为吴孟子，改变了她的姓氏，好以此来掩盖同姓的事实。如果像昭公这种明知礼而违背礼的行为也叫作知礼，那么世上哪还有不知礼的呢？"

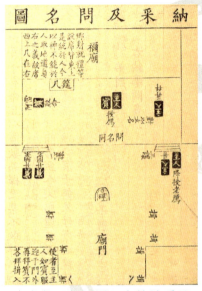

| 宋代《仪礼图》中的纳采及问名图 |

陈司败这番话相当激烈，直戳要害。由此可见，在先秦时期，同姓不婚，婚礼"合二姓之好"是当时人们的共识，是重要的社会制度，谁都不能违背，否则就要受人指摘。

第三礼，纳吉。郑玄解释说："归卜於庙，得吉兆，复使使者往告，昏姻之事於是定。"意思是说问名之后，男家把男女二人的信息在宗庙里卜测，如果得到吉兆的话，男家就让使者再去女家相告。女家收到吉兆信息后，如果收下男家使者送来的大雁后，那么男女两家的婚姻关系就初步确定下来了。这便与《诗经·卫风·氓》里面所述的"尔卜尔筮，体无咎言"如出一辙了。

第四礼，纳征。"征"就是"成"的意思。纳征是指男家将聘礼送给女家，以成婚礼。聘礼包括"玄纁束帛、俪皮"。玄是黑色，纁是浅红色，玄纁束帛就是指黑色和浅红色的丝帛。俪皮是指成对的鹿皮。那么，古人纳征下聘的礼物真的就这

各位同僚为展允凑足了聘金二三万钱，才最终帮助展允结了婚。（要知道，当时一头羊的价格才三五百钱，二三万钱可以买将近100只羊了。）

第五礼，请期。请期就是指"夫家必先卜之，得吉日，乃使使者往辞，即告之"。这是汉代经学家郑玄的解释，意思是说男家卜测得出迎娶新娘的吉日后请使者前去女家告知。这时，也需要送大雁作为礼物。那么，这明明是告期，为什么要叫请期呢？

《说文·言部》解释："请，谒也。"意思是说，"请"是指谒见他人，有所禀告。谒见，泛指进见地位或者辈分高的人，然而男家使者去女家告知婚期，女家

古人所指的玄色与缥色

么少吗？

当然不是！铺张的聘礼不只是今天婚礼才有，在秦汉时期也有。古籍《汉宫仪》记载："皇帝聘皇后，黄金万斤。"这里所说的是西汉末年，汉平帝娶王莽之女为皇后，给聘礼黄金万斤！《太平御览》记载：东汉时的一个小官议曹史展允，专注于学习却很贫苦，年近五十却还没有婚配。他的长官以及

并没有比男家地位高，那为什么要说"请"呢？这是因为男家要显示自己的诚意，在言语、规矩上自降身份，以表示对女家的尊重。"请"在后来又有了"请求"的意思，因此，人们便认为"请期"是"请求婚期"的意思。明明是告知婚期，却要说去女家请求婚期，其原因还是男家为了显示自己对女家的尊重。尽管后人有不同的解释，但是可以看到的是，在请期这个环节，人们自古都很讲究男女两家在礼数上要互相尊重。

第二节　共牢而食与合卺而饮

先秦"六礼"婚礼的第六礼是亲迎。根据《仪礼》记载，亲迎是指在黄昏时，新郎亲自前往女家迎娶新娘，然后带着新娘回到男家，完成一系列仪式。这个过程十分复杂，大概包括以下内容：

新郎头戴爵弁（biàn），身穿玄色上衣，以及下缘镶有黑边儿的纁色下裳，随从的人都穿好玄端礼服。新郎乘坐墨车，带着给新娘准备的车和迎娶队伍前往女家。因为是黄昏出行，所以在队伍前有人拿着火把照明。

当队伍来到女家门前时，新娘已经梳妆完毕。此时，新娘头戴编好的假发，身穿镶纁边儿的黑色丝衣（古籍中叫作纯衣纁袡）在屋中等待。可见，在当时，新郎的婚服是上黑下红，新娘的婚服则是红边儿的丝衣，黑色和红色是当时婚服的主色。

男家随从新郎来女家迎娶的宾者拿着大雁作为礼物，向女家主人行礼后进入

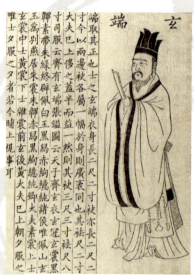

女家。经过一系列拜受仪式后，新郎便进入女家引着新娘出家门。有趣的是，在新娘上婚车之前，新郎要把驾车的绥（登车时手挽的索）递给新娘，表示自己愿意自降身份作为仆从为新娘服务，以示对新娘的尊重和爱意。此后，新郎为新娘驾车，车轮转三周后，才有专门的驾车人来代替新郎驾车。新郎便回到他的车上，并赶在新娘之前到家，以等待新娘乘坐的车到来。

等新娘到达，新郎将新娘请入大门，然后新郎新娘共牢而食。其过程是新郎新娘共吃一物（同一个牲牢的肉），如此重复三次，三饭食礼便完成，新郎新娘也就完成共牢而食了。共牢而食之后是合卺而饮。其过程是，

宋代《新定三礼图》中的纯衣纁袡

吃完饭后，新郎新娘进行"三酳（yìn）"。"酳"是"漱口"的意思，古人饭后有用酒漱口的礼节。新郎新娘先用爵进行前两次酳，最后一次酳则是用卺（jǐn）。卺是将一个葫芦对剖成两个葫芦瓢而成的酒器，当最后一次酳时，新郎新娘便用这一个葫芦做成的酒器饮酒，故叫作"合卺而饮"。三酳合卺

之后，亲迎礼的主要仪式也就完成了。那么"共牢而食，合卺而饮"有什么寓意吗？

《礼记·昏义》有言："共牢而食，合卺而酳，所以合体同尊卑，以亲之也。"《礼记·郊特牲》则记载："共牢而食，同尊卑也。"也就是说，在古人看来，新郎新娘二人如果吃了同一个牲牢的肉，那么夫妻二人就尊卑与共了，用了同一个葫芦做

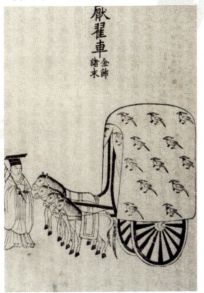

宋代《新定三礼图》中的新娘乘坐的车

爵

成的卺饮酒后，新郎新娘就是一体的了。所以共牢而食、合卺而饮后，新郎新娘就合为一体，尊卑、荣辱与共！

完成"合体同尊卑"的礼节之后，新郎新娘便进入新房。二人脱去礼服，新郎要亲手帮新娘解下佩戴在身上的缨，完成结婚的礼节。是不是"六礼"婚礼到这里就没有其他礼节了呢？

从"六礼"婚礼这个名字来看，婚礼的确算是完成了，但是根据《仪礼》记载，先秦婚礼除了"六礼"之外，还有两个礼节。其一是妇见舅姑。其过程是第二天天亮后，新妇（此时不再称新娘，因为完成前一日的礼节后，新娘就成为人妇了，所以叫新妇）要先沐浴更衣，装扮得当，在赞者（协助完成仪式的人）的引导下拜见公公婆婆。新妇需要带着装有枣

|用于制作卺的葫芦|

和栗的筥（fán，一种竹制的盛物器具）去向公公婆婆行拜礼。公公抚摸一下筥中的枣、栗以表示接受新妇的拜礼，然后向新妇答礼。此后，赞者再代公公婆婆向新妇行醴礼，也就是向新妇敬酒。再后则是新妇向公公婆婆进献食物，公公婆婆也是只吃三口饭，完成食礼。之后，新妇再进献一爵酒，完成酳礼。完成此项礼节后，公公婆婆再用"一献之礼"酬劳新妇和送嫁人，并给送嫁等人赠送礼物作为酬谢。如此

一来二往，新妇拜见公公婆婆的礼节就算完成了。

其二是庙见礼。庙见是

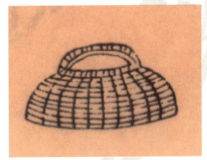

|宋代《新定三礼图》中的筥|

|枣、栗|

指成婚三个月后，新妇要去男家家庙宗祠祭拜祖先，男家也借此告知祖先家族里添纳了新成员。所以说共牢、合卺是夫妻二人之间的接纳，妇见舅姑是男家父母对新媳妇的接纳，庙见礼则是男家家族对新成员的接纳。

如此看来，先秦"六礼"婚礼看似简单的"六礼"，实则有八项礼节，且每一项礼节都颇为复杂，尤其是亲迎和妇见舅姑，有着繁多的讲究，与今天的婚礼大不相同。可见，《诗经·卫风·氓》里的那个卫国小伙子要想顺利地与他心仪的女子成婚，其难度要比诗文中所描写的复杂得多。正是因为成婚的过程正式而艰难，所以《诗经·卫风·氓》里的那个女子十分珍视这份姻缘。然而，好景不长，正如诗文后半部分写道：

桑之未落，其叶沃若。于嗟鸠兮，无食桑葚！于嗟女兮，无与士耽！士之耽兮，犹可说也。女之耽兮，不可说也！

桑之落矣，其黄而陨。自我徂尔，三岁食贫。淇水汤汤，渐车帷裳。女也不爽，士贰其行。士也罔极，二三其德。

三岁为妇，靡室劳矣。夙兴夜寐，靡有朝矣。言既遂矣，至于暴矣。兄弟不知，咥其笑矣。静言思之，躬自悼矣。

及尔偕老，老使我怨。淇则有岸，隰则有泮。总角之宴，言笑晏晏。信誓旦旦，不思其反。反是不思，亦已焉哉！

上文以女子自述的口吻写道：婚后没几年，男子就变了心，而她就像那枯落的桑树，残黄败殒。她想到自己千里迢迢、不畏万难嫁过去，本想着能和丈夫白头偕老，却没承想等来了丈夫的变心。这种迎娶时的艰难和抛弃时的草率形成鲜明对比，巨大的落差更凸显了这个女子内心的凄苦和命运的悲惨。

先秦"六礼"婚礼复杂的礼节，除了让我们感叹其仪节之繁复，还让我们看到了古人对婚礼的重视。因为婚礼代表着两个家族的结合，是重要的家族内部礼仪。同时，中国古代是宗法制社会，家族是重要的社会组成单位，所以婚礼也是重要的社会制度。除此之外，我们还看到这一时期的婚礼体现了男女两家之间的互相尊重、谦让，体现了古人对亲情人伦和长幼秩序的重视。当然，"六礼"婚礼也不是处处都符合今日的时宜，我们要客观地对待、辩证地认识、理性地传承，以发扬优秀传统文化，丰富当代人民的精神生活。

在改良中诞生的婚礼仪节

| 在改良中诞生的婚礼仪节 |

斗转星移，时间总是不断地流转，世间万物也在不断变化。从先秦到宋代，婚礼也发生了一些变化，但大体上也都与"六礼"婚礼相同。根据现有的记载来看，宋代时，为了顺应社会发展需求、规范礼仪制度，程颐、司马光等人开始对婚礼礼仪制度的变革提出自己的看法。他们一方面主张恢复"六礼"婚礼的礼制以改良时下不正的风俗，另一方面又要结合时下风俗中的合理部分对"六礼"婚礼不合时宜的部分进行改良。到南宋时，思想家朱熹在前人的基础上编写了《家礼》一书。《家礼》

朱熹雕塑

中的婚礼，既是对古时"六礼"婚礼的继承与修正，又是对当时社会风俗的改良，并对后世几百年的婚礼仪式产生了巨大影响。

第一节 为什么要改革当时的婚礼？——从苏辙嫁女说起

"明月几时有，把酒问青天！"这是宋代文学家苏轼题写在《水调歌头》中的名句。其中"但愿人长久，千里共婵娟"更是千古传唱的佳句，是作者对想念却不能相见的亲人的美好祝愿，也是对此夜、此月下的所有人的祝愿。那么，苏轼当时所想念的亲人是谁呢？我们来看一下这首《水调歌头》的小序：

丙辰中秋，欢饮达旦，大醉，作此篇，兼怀子由。

在丙辰年中秋节这天，苏轼高兴地饮酒到第二天早上，喝得大醉，于是写下这首词，以表达对弟弟子由的想念。

子由是苏轼弟弟苏辙的字。苏辙、苏轼和他们的父亲苏洵都是当时知名的文学家，并称为"三苏"，他们都位列"唐宋八大家"之中。在这样鼎鼎有名的文学世家的家里也有关于婚礼不得不说的故事。话说苏辙为了给女儿置办嫁妆，不得不卖掉他在河南购买的一块好地，以凑足"九千四百缗（mín，古代计量单位）"。据考证，九千四百缗相当于今天二百多万元！这样的嫁妆的确不菲！难怪苏辙会在日记里说自己是"破家嫁女"。也就是说，苏辙为了嫁女儿，差点儿倾家荡产！当然，苏辙嫁女的现象可能只是个案，并不是宋代所有家庭的情况，但是这也从侧面反映出在宋代的确存在着因为厚嫁

等原因带来的婚礼负担。也许，正是当时流行的婚礼风俗"负担"，让程颐、司马光、朱熹等人觉得婚姻礼制需要重新确立，以正社会的不正之风，所以他们提出了婚礼改良建议。当然，这肯定不是驱动婚礼改革的唯一原因，但无疑是一个很重要的原因。

第二节　订婚阶段的仪节

订婚是指男女两家经过一系列仪节后，初步确定姻亲关系，男女双方也在当时的法律层面具有了合法的婚约关系。据《唐律·户婚律》记载："诸许嫁女，已报婚书及有私约而辄悔者，杖六十。虽无许婚之书，但受聘财亦是。"意思是说，如果女家已经答应了男家的求婚，且回复了允婚书，就代表男女两家有了婚约关系，如果女方后悔就要受杖刑六十。若是没有允婚书，但是女方接受了男家下聘的彩礼，也相当于允准了婚事，如果后悔的话也要受刑。由此可知，在宋代，男女两家婚约关系确立与否，主要是看女家是否回复允婚书，或者是否接受聘礼。由此可知，

回复允婚书和收聘礼是婚礼仪式中的重要仪节，经此仪节，男女两家就定下了婚约关系。所以，以这两个仪节作为婚礼仪式的核心内容就叫作订婚阶段。那么，在南宋朱熹生活的年代，如果朱氏家族有子弟要结婚，他的订婚阶段都有哪些礼节呢？这些礼节和宋代民间流行的婚礼仪式有什么区别呢？

第一礼，议婚。据《家

聘礼

礼》载，朱氏子弟须得年满十六，而他中意的女子须得年满十四才能议婚。首先，朱家要派出媒人前往女家通信，告知求婚的意向。等到女家答应了，就行纳采礼。在确定派遣媒人之前，男家要先对女家进行一番探查：女子家风如何？品行如何？家庭情况如何？……女家在答应媒人的求婚意向前，也要赶紧打听男家的家庭情况以及男子的品行、才德等。

第二礼，纳采。媒人将女家的回复带回男家，然后男家家主（主婚人）写好纳采书函，第二天一大早就将书函奉至祠堂，念相应的祝词，敬告祖先今日将要去女家行纳采礼了。男家家主派出族中子弟担当使者，前往女家将纳采书函交付女家主人。在交付之前，使者要先致辞，说明来意。女家主人回复，并收下书函。女家主人再将书函奉至女家祠堂，念祝词，敬告祖先今日纳采。此后，女家主人将回复书函

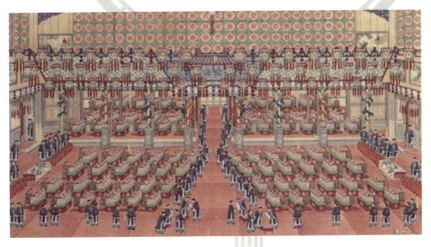

《纳采礼筵宴图》（局部）——该图记录了清代皇家举行纳采礼的风貌

交付男家的使者。

第三礼，纳币。朱熹在《家礼》中说："古礼有问名、纳吉礼，如今不主张把'六礼'都完整地恢复到当下婚礼中，而是只用纳采和纳币（也就是古礼的纳征），以简化婚礼，符合时宜。"所以说，在《家礼》中，问名、纳吉、请期都不是单独仪节了，这些相应的功能已融入其他仪节中。

行纳币礼当天，男家主人写好书函，派遣家族子弟携带书函和礼物前往女家。女家主人收下书函，并回复允答的书函。那么，纳币的礼物究竟是什么呢？币，繁体字作"幣"。《说文解字》载：幣，是"丝帛"的意思。由此可知，纳币的礼物就是丝帛织品。但是据前文所述，古人纳征不只用丝帛织品，还有各种金银珠宝。故而《家礼》中说：纳币的礼物，贫富随宜，不刻意追求丰厚。可见，这样的规定就是为了杜绝厚聘风气。那么在当时

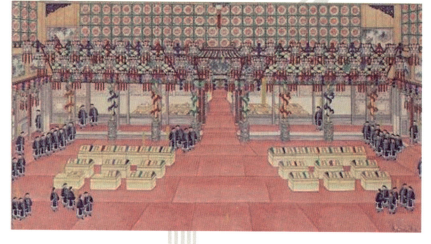

|清代光绪帝《大征礼图》（局部）——该图记录了清代皇家举行纳征礼的风貌|

丝帛织品

金银珠宝

的民间，人们行纳币礼时会用多少聘礼呢？民间的订婚阶段又有哪些仪节呢？

据宋代《东京梦华录》等民俗典籍记载：民间娶亲，男家先起"草帖子"，请媒人将草帖子送到女家（也有女家先起，送到男家的），然后女家回复草帖子。男家草帖子上的内容主要是介绍三代人的官职、名讳，议亲男子的父母健在与否，议亲男子的官职、生辰和家中排行。女家草帖子上除了要写三代人的官职、名讳及生辰排行等，还要写上房奁、首饰，以及随嫁的田产、房产等。由此可见，宋代厚嫁女儿真不只是故事传说。

男女两家过完草帖子后，待两家同意，则由媒人帮助两家交换细帖子（也称定帖）。细帖子的内容与草帖子所写的内容基本一致，只是更为正式，是男女双方的婚书。经此仪节，男女双方的婚约关系便正式确定，并受到当时的法律保护与约束。由此可见，民间的草帖子、细帖子两种文书与《家礼》中提及的纳采书函和纳币书函颇为相似。

|《事文类聚翰墨全书》中记录的草帖子和细帖子|

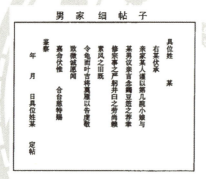

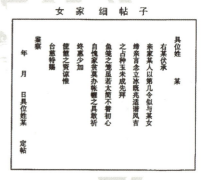

《家礼》对"六礼"的简化，对后世影响很大。据清代《大清通礼》载，婚礼订婚阶段主要包括议婚、纳采、纳币等仪节，其内容与《家礼》中记载的内容基本一致。在清代北京地区的地方记录中，婚礼订婚阶段包括通媒妁、合婚、下定和过礼等仪节。通媒妁是指男家派媒人打探女家的婚嫁意愿以及女家的家庭信息，女家也通过媒妁等渠道打听男家。此后便在媒人的帮助下，男女两家互换八字帖、门户帖，这样男女两家可以互相了解各自的家底，并拿着八字帖去合婚。合婚得吉，男家就派媒人去给女家下定礼。女家收下定礼则表

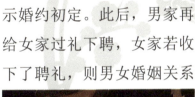

封套　　　　　门户帖　　　　男子八字帖　　　女子八字帖

根据《满汉礼俗》复原的清代旗人门户帖、八字帖

清代聘礼中的喜字罐

清代聘礼中所用的首饰匣

清代聘礼中用来装鹅的笼子

示婚约初定。此后，男家再给女家过礼下聘，女家若收下了聘礼，则男女婚姻关系就基本成立了。过礼之后，男家择定迎娶吉日后，便派人将吉日和迎娶安排告知女家。清代北京地区的婚礼仪节虽然在名字上与《家礼》中所述的不同，但定礼的功能相当于纳采，代表婚约初定；过礼的功能相当于纳

币，代表男女婚姻关系成立。那么，定礼是清代才有的叫法吗？

《家礼》记载："纳采，纳其采择之礼，即今世俗所谓言定也。"这里的"定"便指民间的"下定"。据《东京梦华录》记载：男女两家交换婚书后，男家就给女家下大定、小定。"过礼"一词也在《东京梦华录》中出现过。所以清代北京婚礼中的"下定"应该就是承续了宋代民间婚礼中的过帖子后的下大定、小定。由此可见，清代和宋代相距千百年，汴京与北京相隔千百里，可是婚礼风俗却有诸多相似，使人不得不赞叹婚礼文化极富生命力的传承与传播。

第三节　迎娶阶段的仪节

迎娶阶段是指男家派出迎娶队伍，经过一系列仪节将新娘迎接回男家完成成婚礼的过程。在《家礼》中，迎娶阶段主要是指亲迎礼，包括醮子、醮女、交拜、合卺等仪节。

迎娶前一日，女家派人来男家"张陈婿室"。"张陈"是陈设布置的意思，"张陈婿室"指的就是布置洞房。迎娶当日天刚亮，男家要在家中"设位"，而女家要在家门外"设次"。"设位"是指准备好新郎新娘行合卺礼的席位。"设次"是指搭设供迎娶队伍停留的棚子，以便迎娶队伍休整、等待。

迎娶当日，天刚昏黑，新郎便穿好盛装随家主（一般是新郎父亲）来到祠堂。家主敬告祠堂祖先，像纳采礼一样向先人说祝词，然后醮子。据《说文解字》载："醮，冠娶礼祭。"意思是说，"醮"是指古代冠礼、婚礼时用以祭祀神灵祖先的礼仪。"醮子"则是指新郎在父亲的陪同下，在祠堂里跪拜祖先并祭酒，最后自己也小饮一口。醮子仪节后，新郎跪在家主面前，聆听家主的教诲。此后，家主便让新郎前往女家迎娶新娘。

新郎离开家门，带着迎亲队伍前往女家，到达女家后，先在女家搭设的棚子中等待。在女家家中，新娘父亲也在祠堂醮女，并教诲新娘要听顺于公婆，然后新娘母亲教诲新娘为人妇道之礼，此后姑嫂也接着说，让新娘听从父母的教诲。此仪节后，女家主人出门迎接迎

| 用以祭祀神灵祖先的祠堂 |

娶队伍，新郎以大雁作为礼物，向女家主人行礼。此后，新娘被慢慢送出家门，登上迎娶的车，随新郎回到男家。

到达男家后，新郎新娘先行交拜之礼，然后在"设位"之处就座、饮食，并完成合卺礼。此处的饮食与合卺礼同"六礼"中的共牢而食与合卺而饮颇为相似，不过更简略。可见，这位朱氏子弟要完成迎娶过程，要历经不少仪节！不过，与"六礼"婚礼相比，着实简化了很多。然而在宋代普通百姓那里，婚礼的迎娶阶段可比这个复杂多了。

据《东京梦华录》记载，民间的迎娶阶段包括铺房、催妆、拦门、跨鞍、坐虚帐、牵巾、交拜、撒帐、合髻、饮交杯酒等仪节。其仪节数量以及内容的复杂程度远大于《家礼》中所述的迎娶阶段。

迎娶前，男家用"冠帔花粉"等新娘服饰用品作为催妆礼送去女家，女家则以"公裳花幞头"等新郎服饰用品作为回礼送给男家。

大婚前一日，女家派人来男家铺设卧房，也就是铺房。这本是民间婚俗，司马光在《书仪》中说，古礼虽然没有铺房，但是如今在民间十分流行，所以不能废除。于是朱熹在制定《家礼》时，也保留了"张陈婿室"。这便是这一时期，大学者们改良不合时宜的古礼的表现。铺房时，男家要准备好床榻桌椅等家具，女家主要负责被褥幔帐等物品。这与当代许多地区的

婚礼几乎一样，可见民俗传承的顽强生命力。

但是司马光也指出："世俗尽陈之，欲矜夸多。"意思是说，民间有许多人嫁女，将铺房的东西故意铺陈出来，招摇过市，以显示自己的财力。这不得不让我们想起苏辙嫁女的故事。可见，厚嫁之风在宋代的盛行。针对这种不良的风气，司马光、朱熹因势利导，不是完全废止，而是主张合理引导、改良这种炫富的风气。但是几百年后，在晚清民国时期的北京，民间结婚过嫁妆时，许多大户人家都做足了气派。在林语堂的小说《京华烟云》中，姚家女儿木兰出嫁，嫁妆就有整整七十二抬！而曾家的另一个儿媳妇素云听到这位即将嫁

| 古代民间抬嫁妆 |

伍前往女家，来到大门前，乐队奏乐催妆。接到新娘后，抬轿子的轿夫一般会故意不起轿，男家须给一定的钱财才行，这在民间叫作起担子。相传这个习俗在唐代就有了，并一直延续到晚清民国时期。直到今天，许多地区迎亲的车辆在迎娶途中也会故意停下来不前进，直到新郎打发了红包才继续前行。等到迎亲队伍回到男家时，迎亲队伍中的部分迎客往往要先行进入大门，然后紧闭大门不让新郎新娘进入，直到给了好处才能放行，这就叫拦门。这个做法与清代北

到曾家的木兰有七十二抬嫁妆，不禁心生气恼。可见，大户人家厚嫁以张扬排场很可能是普遍存在的，这不仅关乎一个家族的名望、声誉，也关乎新娘在婆家的地位、面子等。

迎娶之日，男家迎亲队

| 泥塑：迎亲 |

京的风俗基本一致，也和今天许多地区的拦门难婿风俗一样。

　　进入男家大门后，新娘下轿踩在铺好了布条或者毡席的地面上，不能直接踏地，然后有一个人拿着镜子倒着走，新娘就跟着这个人跨过马鞍，进入室内坐虚帐，又叫坐富贵。这也与清代北京地区的风俗基本一致。不过清代北京地区，在满族旗人的婚礼上，新娘在下轿前，新郎要拿着包好箭头的弓箭向轿子虚射三箭，以求平安吉祥。然后新娘再抱着装有五谷、金银的瓶子跨过马鞍，进入房中坐帐。

| 用于"射三箭"的弓箭 |

这些风俗，在今天的婚礼中已基本不存在。

新娘坐帐房中，新郎则在外完成待客和答谢等礼仪。此后，新郎来到新娘床前请新娘出来。此时，新娘手中握着一条红巾，新郎则手执这条红巾的另一头。这条红巾由男女两家各出一条，结成同心结，叫作牵巾。新郎用此巾倒行着牵出新娘，到家庙参拜，然后再回到新房完成夫妻对拜之礼。

牵巾和交拜之后，新郎

当代撒帐

新娘面对面坐在床上，男的面向右，女的面向左，家中妇女将金钱、彩果分散撒在床上，这就叫作撒帐。在清代北京地区，撒帐一般是由儿女双全的妇人完成，妇人一边用花生、莲子、桂圆等撒在床上和新人身上，一边嘴里念念有词，祝福新人早生贵子、和和美美等。撒帐之后则是合髻，即将新郎新娘的头发各取一段，结在一起象征结发夫妻。合髻之后便是饮交杯酒，完成合卺礼。至此，成婚礼基本结束。

相比于《家礼》中的迎娶阶段，宋代民间婚礼的仪节比较繁杂。繁杂的背后是人们对新婚吉祥、夫妇和美、家庭儿孙满堂的祝愿。其中许多内容都没有被朱熹的《家礼》所吸纳，但是在后世的传承中，这些仪节却鲜活地存在于一场场民间婚礼中，使得几百年后的清代北京婚礼的迎娶相关仪节，几乎与宋代一样。

第四节　整合阶段的仪节

整合是指关系的整合，该阶段的各种仪节主要是为了整合新妇与男家的关系、新婿与女家的关系、新妇家与新婿家的关系。新妇本是女家的女儿，在成婚礼过程中她是新郎的新娘，成婚礼后她还是男家的儿媳妇，成了男家人，她的身份在整场婚礼仪式中不断转变。为了让新妇更快地融入男家，需要一些仪节来辅助实现。新郎经过成婚礼后，也成为女家新婿，需要经过一些仪节

融入女家。而男女两家经过订婚和迎娶阶段，已经成为姻亲关系，两个家族需要通过一些仪节来整合彼此的关系。在《家礼》中，婚礼的整合阶段包括妇见舅姑、婿见妇之父母、庙见三个礼节。

第一礼，妇见舅姑。大婚第二日一大早，新妇盛装拜见舅姑，也就是公公婆婆。公公婆婆也像醮女一样回礼。见完舅姑后，新妇再拜见族中其他尊长。拜见之后，公公婆婆设宴款待新妇。

第二礼，婿见妇之父母。同日，新婿前往新妇家，拜见岳父岳母及族中尊长。拜见之后，岳父岳母设宴款待新婿。

第三礼，庙见。庙见之礼是指家主带着新妇到祠堂拜见，让新妇的身份受到祖

新妇在庙见礼中
要到访的祠堂

先的认可。据《家礼》载："古者三月而庙见，今以其太远，改用三日。"意思是说，古时候，庙见礼是成婚三个月后才进行，而朱熹结合当时社会情况来看，认为三个月距离大婚结束太远了，所以改成三日。这也是《家礼》适时而变的表现，是对古礼不合时宜部分的改良。

在"六礼"婚礼时期，新妇拜见舅姑、尊长和庙见都不算婚礼仪式的礼节，是六礼之外的内容。而《家礼》却将"六礼"简化，将妇见舅姑、婿见妇之父母、庙见纳入婚礼的礼节中，可见宋代对成婚礼后整合各方关系的重视。由此，后世的婚礼仪式便都延续了这样的基本结构，即成婚礼后有许多关系整合的礼节。

在宋代民间，大婚后第二日五更，新妇会先安放一张桌子，然后把镜台放在上面，望着镜台展拜，叫作新妇拜堂。然后新妇再向尊长亲戚参拜。此后便是新婿前往女家，叫作拜门。再往后则会有女家的宾客来男家作客。大婚后七日，女家接新妇回娘家。大婚后一个月，两家人在一起聚会庆祝，叫作满月。整个过程中，两家人你来我往，不断交流融合。这样的习俗一直延续到晚清民国时期，部分习俗保留至今。在晚清的北京，大婚后第二日，新妇也要对公公婆婆和族内尊长行见礼，然后去家庙祠堂行庙见礼。此后便是女家派人迎接新妇和新婿回娘家，叫作回门礼。回门礼在今天许多地区仍旧流行。回门之后，还有所谓的"单双九"（"单九"就是

拜堂现场

大婚后的第九日，"双九"就是大婚后的第十八日），即女家的宾客来男家贺喜，增进两家感情。满一个月时，新妇还要回娘家住对月等。由此对比可见，宋代民间婚礼整合阶段的仪节，大都保留到了晚清民国时期。而在官方层面，则把《家礼》中的婚礼仪节原封不动地保存，比如《大清通礼》中的整合阶段便与《家礼》中基本一致。

第五节　一些有趣的仪节

一、跨马鞍原来不是满族人独有的婚礼习俗

在许多清宫戏中，经常出现结婚时新娘跨马鞍的情节，又由于满族人擅长骑马，所以许多人都认为婚礼上新娘跨马鞍就是满族人的习俗，是清代才有的。此外，还有人说这是元代遗风，如《北京婚礼志》载："弯弓踩鞍皆蒙古礼，盖元时之遗风也。"到底是元代遗风，

还是清代满族人的习俗呢？其实，二者均不是。

据前文所述，宋代《东京梦华录》中便有新娘"跨鞍"一说。具体是说：迎娶队伍回到男家，新娘下轿后，需要有人拿着镜子倒行，引着她跨过马鞍。据宋代高承在《事物纪原》中转引《苏氏演义》载："《唐历云》，国初以婚姻之礼，皆胡虏之法也。谓坐女于马鞍之侧，此胡人尚乘鞍马之义也。"而唐代段成式在《酉阳杂俎》中记载："今士大夫家婚礼，新妇乘马鞍，悉北朝之余风

也。今娶妇家，新人入门跨马鞍，此盖其始也。"由此可推测，跨马鞍是北朝遗风，又盛行于宋代，传之于后世。

又有明代《万历顺天府志》记载："婿以马鞍置地，妇跨过曰'平安'。"可知，在汉族人的婚礼中，新娘跨马鞍只为求其谐音"平安"，以完成大婚求吉的心愿。所以婚礼中的跨马鞍习俗，既不是满族人婚礼独有，也不是元代遗风！

二、结发——一个美好的错误

在当今的诸多影视剧中，总有将夫妻二人头发剪下一段结在一起，以象征夫妻二人恩爱、永结同心的剧情。其实，这样的美好祈愿在宋代婚礼习俗中就有了。《东京梦华录》载，新人在

撒帐之后便是合髻。合髻便是结发。那么结发象征夫妻恩爱的含义是怎么来的呢？

西汉时有诗句云："结发为夫妻，恩爱两不疑。"人们将此诗句理解为男女双方通过结发仪节结为夫妻，从此之后恩爱不猜疑。后世的许多诗歌中也有关于结发的描述，且意思均指向结发为夫妻，从此恩爱不疑。如《孔雀东南飞》载："结发同枕席，黄泉共为友。"杜甫在《新婚别》中曰："结发为君妻，席不暖君床。"于是，结发为夫妻，逐渐成为人们公认的夫妻结合的仪节。

当然，结发仪节本身也具有合二为一的特点，这也使得大家相信其代表着夫妻同心，恩爱不猜疑，同心同德。这恰如"六礼"婚礼中的共牢而食与合卺而饮：夫妻食用同一食物，以象征同体；共使用一个葫芦做成的酒器饮酒，以象征夫妻同心。而结发刚好是将夫妻身体的重要部分——头发，结为一体，这就恰好与共牢而食、合卺而饮有了异曲同工之妙。正是如此，才使得大家更加坚信结发就是代表夫妻恩爱，同心同德。那么事实真是如此吗？

针对此事，司马光有话要说。据《家礼》载："司马公曰：古诗云，结发为夫妇，言自少年束发即为夫妇。犹李广言结发与匈奴战也。今世俗婚姻乃有结发之礼，谬误可笑，无用可也。"意思是说，结发其实就是男子成年的意思，而结发为夫妻，是说男子刚成年就和女子结为夫妻，就如同说李广刚成年就与匈奴大战。民间认为结发是一种婚礼仪式，是一种谬误，其实婚礼上不用此礼也行。所以说，从宋代传习至今的结发礼，其实是一个美好的错误。

但是历经千百年，原本的谬误已经被赋予了美好的解读，广大民众也接受了这种美好的解读。在司马光、朱熹的时代，他们可能觉得谬误可笑，但在我们眼里，已不觉得可笑，因为"结发"在我们心中俨然已成为夫妻恩爱的象征。

三、有趣的催妆诗

"画眉在杏枝上歌：画眉人不起是因何？远峰尖滴着新黛，正好蘸来描画双蛾……"这是民国才子朱湘《催妆曲》中的诗句。诗中用女子画眉时要用的眉黛来写远山的颜色，再用画眉串好这四句诗，既巧妙地写出了早晨窗外的景色，又交代了窗内女子的情态与动作。那么，不想起床的女子为什么会被催着起来描画双眉呢？这就和诗歌的题目"催妆"有关。

催妆，就是催促新娘赶紧梳妆的意思，具体是指新郎的迎亲队伍已经到了，新娘要赶紧妆成出门。唐代段成式所著的《酉阳杂俎》中记载："迎妇，夫家领百余人或十数人，随其奢俭挟车，俱呼'新妇子，催出来'，至新妇登车乃止。"大致意思是说：新郎领了迎亲队伍去迎娶新娘，这些人在门口都会喊着"新娘子快出来

|吹吹打打的迎
亲队伍|

啊",直到新娘出来,他们才停——这就是名副其实的催妆。明代吕坤也说:催妆,是告诉女家男家要来行亲迎之礼迎娶新娘了。清代《光绪顺天府志》中记载:在北京地区,男家将要上门去迎娶新娘时,会准备好礼物送到女家去,这就叫作催妆。那么催妆诗又是什么呢?

在催妆时,男家会作诗来催促新娘子快些妆成,那么这些诗歌就是催妆诗。催妆诗在唐代就有文献记载了。在《封氏闻见记》中记录:上到皇室,下到士人、庶人,都要如此(作催妆诗以催妆)。比如唐代的陆畅就写了一首催妆诗,叫作《云安公主下降奉诏作催妆诗》。其中有诗句:"借问妆成未,东方欲晓霞。"意思就是说:新娘子啊,你的妆画好了没有啊?这天都要亮了哟!以此来催促新娘妆成。到了宋代，有大量的宋词书写催妆，我们也可以称之为催妆诗。比如吕渭老在《好事近》中写道："彩幅自题新句，作催妆佳阕。"意思就是说：我在这彩绸上自己写了一些新词句，作为催妆的好文辞。在今天的传世文献记录中，有诸多关于催妆诗的记载，鉴于篇幅，此处不做展开。

通过这些有趣的文字，我们可以知道在婚礼仪式中作催妆诗以催促新娘梳妆是十分重要的婚礼习俗，它在唐代十分流行，传承于宋、元、明、清，一直到民国时期都还可见一些踪迹。催妆诗一般由新郎所作，也可以由新郎家的亲友或者所雇之人写作。其内容往往生动有趣，书写对新娘的催促，让人觉得在一堂红珠翠玉、彩帐金钿的奢华婚礼中飘进来几缕诗文的清新，让人顿生意趣，倍感清新！

在变革中生成的新式婚礼

| 在变革中生成的新式婚礼 |

1915 年，在上海发行的《繁华杂志》上刊登了一则《文明结婚歌》。歌词唱道："谁谓婚制莫可更，俗礼纷繁甚。谁谓新式不通行，吾侪共欢迎。浮文缛节沿袭至今，鄙陋不堪闻。愿大家共进文明，焕然风俗新。"歌词大意是说："我们要携手一起共同走进文明，推崇新式婚礼，更改复杂的婚礼仪式，摒弃鄙陋不堪的旧式婚礼[①]。"这里所说的"文明、新式"婚礼就是我们今天要讲的新式结婚礼。那么，文明婚礼与新式婚礼有什么关系呢？

第一节　被打开的国门

1840 年，英国的坚船利炮炸开了中国封闭的国门。1842 年，清政府与英国签订《南京条约》。条约规定：中国需要割让香港岛给英国，并开放广州、福州、厦门、宁波、上海为通商口岸，英国商人可以自由地与中国商人交易等内容。由此，中国领土和主权变得不完整，紧闭的中国大门被撬开了豁口。其后，《望厦条约》《黄埔条约》《北京条约》等一系列与西方列强签订的不平

---

① 此处为歌词含义并非本书观点。该观点有特殊的历史背景。歌词中所说的鄙陋不堪的内容是指旧式婚礼中对女性的不尊重、男女不平等，以及封建家长制度对自由恋爱的压制等内容。

等条约，进一步撕裂中国的国土，践踏中国的主权，中国也不得不打开自己的国门。于是，便有了著名的"洋务运动"——晚清政府开始向西方学习先进技术，意图富国强兵，抵御外侮。

在这些被迫交流与主动学习的过程中，大量的晚清读书人去日本、欧洲等地留学。他们学成归国，并把新的思想观念和生活方式也随之带回国。正如石城所说："在中国都市里的任何一个角落都沾染了西洋式的毛皮。"西式婚礼也在这一时期传入中国。这一时期的青年人多接触西方文化，认为西式婚礼简便易行且推崇男女平等、自由恋爱等进步思想，而旧式婚礼仪式繁琐，且思想陈腐、落后，所以他

洋务运动时期外派的学生

们都推崇西式婚礼。这种婚礼在当时被叫作"文明婚礼"，是新式婚礼的开始。

徐珂在《清稗类钞》中写道："文明婚礼，实有三长。一、以父母之命，媒妁之言，而取男女之同意，以监督自由。其办理次序，先由男子陈志愿于父母，得父母允准，即延介绍人请愿于女子之父母，得其父母允准，再由介绍人约期订邀男女会晤，男女同意，婚约始定。二、定婚后，男女立约，先以求学自立为誓言。三、婚礼务求节俭，以挽回奢侈习俗，而免经济生活之障碍。"

徐珂认为文明婚礼有三个好处：其一是男女双方在婚恋上更加自由，不用再完全受制于父母之命、媒妁之言；其二是男女订婚要以求学自立为誓言，婚姻更具有激励男女双方独立、成熟的作用；其三是文明婚礼更加节俭。但是也如徐珂在《清稗类钞》中所言，这种婚礼在当时并没有官方的、成文的统一规定，只是有一个大部分人都采用的流程，而且这个流程主要是男女大婚当日的仪式流程。

《清稗类钞》

是在《清稗类钞》记录的文明婚礼的基础上丰富起来的。由此可以推测，当时官方在推出新式婚礼的统一仪式、流程时，参考了民间的

于是在 1928 年，南京国民政府礼制服章审订委员会、大学院院长蔡元培和内政部长薛笃弼等人联合起草了《婚礼草案》，以改革社会风气，提倡新式婚礼。《婚礼草案》中的新式婚礼主要

蔡元培雕像

一般做法。与此同时，《婚礼草案》中所述的新式婚礼仍旧在一定程度上继承了传统婚礼的内容，即保留了议婚、订婚、请期等仪节，同时也在一定程度上进行了改良，革除其中带有封建思想的形式和内容。到20世纪30年代，不只是留洋青年和进步青年间流行新式婚礼，整个北京城里也都普遍开始流行新式婚礼。

第二节　从自由恋爱到没有聘礼的订婚

1929年6月15日，著名文学家冰心与著名社会学家吴文藻在燕京大学临湖轩举行了简单而隆重的婚礼，婚礼的主持人是时任燕京大学校长的司徒雷登。这一年，冰心29岁，吴文藻28岁。

他们的爱情，始于1923年前往美国的邮轮上。当时，他们都要去美国留学，在邮轮上相识。后来，二人在美国留学期间，常有书信往来，最后在双方家长的祝福下，这一场自由恋爱收获了婚姻的果实。

新式婚礼取消了过门户帖、八字帖、合婚等婚礼仪节，提倡男女间自由恋爱。前文所述的冰心与吴文藻之间的爱情故事就是当时自由恋爱的一个缩影。在这一时期，自由恋爱的男女双方多是由同学、同事，或是朋友的关系发展成恋人的。男女双方的恋情发展到一定程度后，男子便向父母表达婚娶意向，父母准许之后，男家便会请介绍人向女家父母表达求婚的意愿。这与传统婚礼中士族婚礼的议婚颇为相似。也有男子直接向女子求婚，女子如果允许，则算求婚成功。可见，新式婚礼虽然也要父母参与议婚，但是男女双方也可以积极互动，他们的想法影响着婚姻的成败。这与传统婚礼中男女双方只能听从家族中的家长安排是截然不同的。

议婚（求婚）成功后，男女双方一般会召集双方亲友，宣布订婚。订婚需要有一定的排场，即男女双方要在一个公共处所召集亲友见证，并互相交换订婚信物：订婚帖。男女双方一般会在订婚时交换戒指，而各种聘礼一概免除。此外，订婚需满足当时法律规定的订婚年龄。

订婚之后则是通告。

通告的说法也来自《婚礼草案》。具体是指大婚前一个月，男女两家人在一起商量结婚日期，并立下名帖为据，其他的礼物一概免除。这个名帖其实就是婚期帖，名帖上需要写婚期以及见证家长的名字。这个家长类似主婚人，若无家长，则写订婚男

订婚帖式（男女双方同式）

○○○字○○现年○○成○○省○○籍人今愿与

○○○君订定婚约此证

中华民国　年　月　日

订婚人○○○

介绍人○○○

《婚礼草案》中的订婚帖

|《婚礼草案》中的婚期帖（男家左，女家右）|

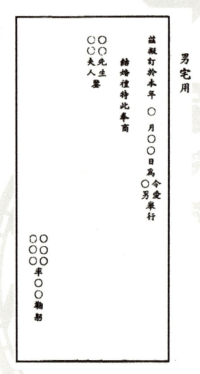

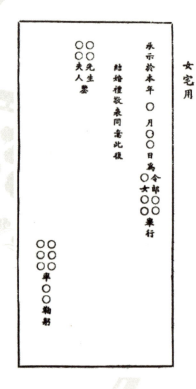

女的名字。其实，通告类似传统婚礼仪式中的通信过礼仪节，也就是请期，主要作用是定下婚期。综上所述，新式婚礼虽然革除了许多传统婚礼仪式中的形式和内容，但是议婚、订婚、通告与传统婚礼中的议婚、纳采（下定）、请期的作用是相似的。

第三节　结婚典礼上的结婚礼和谒见礼

现如今，人们普遍认为婚礼常指结婚当天的仪式，其实，从传统婚礼仪式来看，婚礼持续的时间很长，它从男女两家问名，一直到亲迎，再到庙见，是姻缘男女从初步接触到行交拜、合卺，再到庙见祖先、拜见亲族的过程。而随着新式婚礼的逐步兴盛，婚礼仪式逐渐变成了结婚当天的仪式。因为新式婚礼中结婚礼之前的订婚等内容不断被简化，而结婚礼之后的家族融合的相关仪式又被逐渐合并到了结婚当天的仪式中，所以"婚礼"就渐渐演变成了指代结婚当天仪式的名词。那么新式婚礼主要包括哪些主要的仪节呢？

第一，准备结婚证书。民国新式婚礼的结婚证书是证明新郎新娘婚姻关系的法律凭证。1931 年实施的《中华民国民法·亲属·结婚》规定："（结婚之形式要件）结婚应有公开之仪式及二人

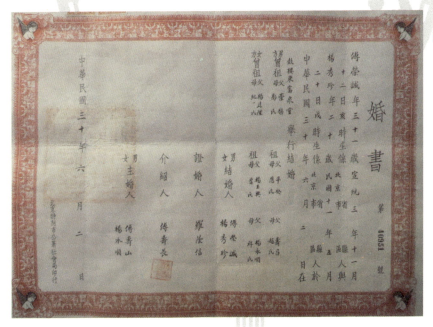

民国时期的结婚证书

以上之证人。"民国新式婚礼仪式中，行结婚礼时，证婚人、介绍人等需要在结婚证书上签名、盖章。正因如此，结婚证书便与婚姻关系在法律层面上生效产生了关联。民国新式婚礼所用的结婚证书并非政府机构统一颁发，而是自行购买。在当时的北京城，人们购买结婚证书一般去南纸店（南纸店是专门经营纸品和用木版水印技术印刷纸品的店铺，清末民初时，北京城里还有十几家）。

第二，定礼堂和准备结婚物品。准备好结婚证书后，还需要定好结婚用的礼堂。结婚礼堂可以选在公共礼堂，也可以定在自家家里，还可以在公园、会馆、饭庄等处。不论是定在什么地方，均须提前定好，以便在请帖上写清楚结婚典礼的时间和地点。新式婚礼虽然较旧式婚礼简单，但也要准备许多物品，如乐队、迎亲的花马车、花汽车，礼堂陈设、新郎新娘的礼服、花篮、手花

| 花马车 |

等。这些东西一般都在新婚用品服务社这样的专门的租赁商店租售。在结婚典礼开始前，新婚夫妇和他们的家庭都要忙着租赁这些东西。

第三，发请帖。正式举行结婚典礼前，男女双方需要邀请观礼宾客、证婚人和介绍人（因为主婚人一般是新婚夫妇的父母或者至亲之人，所以不单独邀请）。男女双方邀请观礼宾客需要有

专门的文书，即各种请帖。《满汉礼俗》中记载："请帖多用明信片，或是红纸金字，或是花纸红字。"此外，还有专门的请介绍人帖、请证婚人帖等。

第四，迎亲。民国新式婚礼中的迎亲仪节相较于传统婚礼中的迎亲仪节，简化很多，主要包括新娘化妆、蒙纱和新郎领花车迎接，其余求吉辟邪等仪节统统革

除。结婚当日一大早，新娘便要到理发馆去烫发、化妆、蒙头纱。在民国新式婚礼中，新郎、伴郎需要穿西装，新娘需要穿婚纱，伴娘也要穿类似婚纱的礼服，这在服装上也与传统的婚礼仪式产生差异。

新式婚礼中的迎亲没有拦门、下轿等仪节。迎接新娘时，迎亲乐队走在前面，新郎则乘坐用鲜花和彩带装饰的汽车或马车紧随其后。车到女家后，伴娘搀扶手捧鲜花的新娘，在《美酒高歌》的音乐声中，踩着红毡子上花车。车到礼堂时，来宾扬撒"文明结婚五色纸"以助兴，也有搞恶作剧扬撒小米等物的。

第五，结婚典礼。民国新式婚礼的结婚典礼主要包括结婚礼和谒见礼。在进行结婚典礼之前，新郎新娘、来宾、证婚人、主婚人、介绍人等需要按照特定的位置各就各位，等待结婚典礼开始。

结婚礼仪节概括起来主要有如下内容：其一，人员就位。司仪宣布仪式开始，并邀请来宾、介绍人、证婚人、主婚人和新郎新娘就位。其二，用章。证婚人展读结婚证书，介绍人、证婚人、主婚人、新郎新娘用章。其三，互换戒指。新郎新娘三鞠躬，然后交换戒指。其四，致辞。证婚人、主婚人、来宾代表分别致辞。其五，致谢礼。主婚人发言致谢，新郎新娘向介绍人、证婚人和来宾致谢。其六，礼成。司仪宣布礼成。礼成后，摄影留念。根据《清稗类钞》记载：礼成鞠躬致谢后，女宾代表需要唱《文明结婚歌》。这样的结婚礼仪式与传统婚礼的交拜、合卺、撒帐等仪式是完全不同的。这种转变，也深刻地影响了后来的婚礼仪式。

结婚礼行完，紧接着便是行谒见礼。其主要内容是：新郎新娘向双方父母行鞠躬礼，向双方家族尊长、平辈行礼。谒见礼其实与传统婚礼仪式中的"见礼、会亲"类似，主要是新郎新娘向父母行礼，向双方家族亲长、平辈行礼，以此代表双方家族接纳新的家族成员并认可和祝福其婚姻。当然，行完结婚礼和谒见礼后，一般也会有宴会，不过宴席一般很简单，比如在公共礼堂举办的婚礼往往只有汽水、茶点，而在家中举办的则常常有酒席。

总的来说，新式婚礼是在不断变革中产生的，它将传统婚礼中的诸多仪节的内容和形式进行了改革，使得婚礼的订婚阶段十分简单，仅仅保留了议婚、订婚和通告三个仪节，且内容、形式简洁，不再有合八字风俗，也不再有父母之命的强迫，而是崇尚自由、平等的恋爱观和婚姻观，对人民生活风俗改革和思想观念改革有重要推进作用。新式婚礼将迎娶阶段和整合阶段合并到了一起，使亲迎变得简洁，婚礼所用的服饰、用具等都日渐西化，结婚礼也以交换戒指和致谢为核心，这是对传统婚礼成婚礼的全盘改革。

此外，整合阶段的庙见、见礼、会亲等仪节都被放到了结婚典礼上，改为谒见礼。如此一来，不仅缩短了婚礼的持续时间，还简化了仪式过程，摒弃了拜见祖先的仪式，这在一定程度上体现了当时崇尚科学、破除迷信的思想。这些都深刻地影响着后来的婚礼。新中国成立后，妇女进一步解放，包办婚姻和买卖婚姻被革除，婚礼仪式中的男女不平等、父母之命、定礼聘礼、祖先神佛信仰内容被进一步破除，婚礼仪式在民国新式婚礼的基础上变得更加简化。

当代婚礼的新风尚

| 当代婚礼的新风尚 |

随着改革开放的到来，中国进入新的发展时代，人民生活水平不断提高，思想愈加开放，婚礼也随之发生了更大变化。这样一来，当代婚礼看起来似乎和传统婚礼有天壤之别，但是当我们细细分析，发现古今之间、现代和传统之间似乎又存在许多联系。那么接下来，我们就来谈一谈当代婚礼的一些具体仪节，一起探究一下这些仪节背后的内容。

第一节 当代婚礼被简化后的订婚阶段

其实当代婚礼的订婚阶段比较简单，主要包括相识、见家长、定婚期、登记结婚等仪节。相识是指男女双方通过自由恋爱或者亲友介绍

当代结婚证

互相认识，也就是相亲。改革开放以来，为了帮助青年男女互相认识，许多单位都设有专门的组织，经常举办一些联谊活动，帮助单身青年男女互相认识。后来，这样的组织不断发展，形成当

代婚介组织的雏形。1980年9月25日的《人民日报》上有一篇名为《上海轻工局成立婚姻介绍服务组》的文章，这里面所说的"婚姻介绍服务组"就是前文所说的婚介组织。到了20世纪90年代，婚介组织逐渐从"官方"组织的免费的婚姻介绍服务组变成了以营利为目的的"民办"婚姻介绍所。进入21世纪后，网络逐渐普及，实体店经营的婚姻介绍所逐渐减少，相亲网站和相亲节目越来越多，男女相识的方式从传统的经由熟人介绍，逐渐变成了一种商业行为，至此，男女相识的途径增多，男女相识变得更加方便。

男女通过相亲相识后，经过一段时间的交往，到谈婚论嫁时就会见家长，然后双方家长一起商量婚礼相关事宜，定下婚期。再往后便是男女双方去相关机构完成婚前体检，并到民政局登记，领取结婚证书。至此，男女双方便是受法律保护的合法夫妻了，婚姻关系也就正式确立了。于是，当代有许多夫妻不再举行结婚礼，结婚仪式已经不再是证明婚姻关系成立的唯一手段了。

第二节　迎娶阶段的拍婚纱照与闭门礼

当代婚礼迎娶阶段的仪节是十分复杂的。当代婚礼的迎娶阶段主要包括婚礼的前期准备（定酒店酒席、定婚庆公司、定伴郎伴娘等各种事宜）、拍婚纱照、策划婚庆方案、发请帖、试妆试酒席、布置新房、迎娶、闭门礼、结婚典礼等仪节。在这些仪节中，拍婚纱照、闭门礼、结婚典礼都是特别重要的婚礼仪节，内容也比较复杂。接下来，我们就来说一说这些仪节的具体内容。

说到拍婚纱照，毫无疑问，这个习俗是从国外传入的。那么它是如何一步步在国内婚礼仪式中兴起的呢？大家为什么就这么轻易地接受了要在结婚典礼前花大价钱拍婚纱照呢？这就要从结婚照说起。

婚礼仪式中的结婚照最早出现于晚清时期，当时有一些传教士等外国人会给行完结婚仪式的新郎新娘拍照留念。以北京为例，晚清时期的婚礼上就逐渐兴起了拍结婚照。后来，在民国新式

婚礼上，新郎新娘行完结婚礼、谒见礼之后，也会拍结婚照留念。这个时候拍的照片中，往往就是新郎穿着西装，新娘穿着婚纱。

新中国成立后，《中华人民共和国婚姻法》要求婚姻结合必须先登记，然后领取结婚证书。而结婚证书上又要求贴上新郎新娘的照片。以1952年上海李女士的结婚证书为例，当时的证书上就开始粘贴新郎新娘的结婚照。到了20世纪六七十年代，在结婚典礼上，新郎新娘或者胸戴大红花，或者胸前佩戴毛主席像章拍摄一张结婚照，作为结婚留念。综上来看，从晚清到20世纪六七十年代，结婚与照相两件事便密不可分了。

改革开放后，我国经

济迅速发展，国外的流行文化也快速地传入国内。一些在国外流行的婚礼仪节，比如拍摄婚纱照等服务开始进入国内大众的视野。到了今天，各类婚纱摄影工作室层出不穷，它们都会提供不同风格的婚纱照拍摄服务：有西式浪漫的，也有中式复古的，有俏皮的，也有严肃的。新人在迈入婚姻殿堂前，都会尽可能地在镜头下展现自己，留下最值得纪念的一刻，然后遴选出最佳的一张作为结婚照挂在新房。但是又有谁想到，结婚与照相的结合竟然发生在百年以前，我们看似新潮的行为，原来都是前人"玩儿剩下的"。

拍好了婚纱照，定好了酒店酒席，发好了请帖，婚礼就正式进入高潮部分——

当代婚纱照

结婚典礼。首先要说的便是迎亲的仪节——闭门礼。今天的婚礼迎亲和传统婚礼一样，讲究排场，要租名车、鸣礼炮。等到一众队伍来到新娘家，便要开始一场有趣的"攻防战"。在清代的北京，人们把这个攻防战叫作"闭门"，而有的地方也称作"拦门"。这个仪节在宋代的婚礼中就有了。闭门礼大致分为闭门、叫门、开门三个环节。闭门是指女方亲友和伴娘团在男方迎亲队伍到来之前，把家门和新娘闺房的门关好。叫门是指男方迎亲队伍来了，新郎和伴郎团让女方开门。这个时候女方会提出很多为难新郎队伍的问题，这些问题可以是猜谜语、背诗、唱歌等，当然最重要的是要塞红包。如果男方满足了女方的要求，女方就要准备开门了。这时候，男方通常会趁机发起"攻击"将门推开。在很多地方的婚

迎亲车队

俗中，人们还会事先将新娘的鞋子藏起来，等到新郎队伍进入新娘闺房后，需要完成新娘队伍的考核才能获取信息拿到鞋子。就这样，在一场场你攻我守，你唱我闹的"攻防战"中，新郎成功找到鞋子，并将新娘抱入喜车中，准备前往酒店或举行结婚典礼的礼堂。

第三节　迎娶阶段的结婚典礼

迎亲队伍回到酒店（也有的人家在户外、礼堂或自家家里举行结婚典礼），酒店里会有一个提前搭好的舞台，而结婚典礼主要就在这个舞台上完成。当代婚礼仪式中的结婚典礼主要包含结婚礼、致辞、敬茶礼、敬酒礼等仪节。

在结婚典礼上，一般会先播放一段新郎新娘从相识到相爱的视频，然后新郎新娘宣誓并交换戒指。新郎新娘佩戴结婚戒指，代表夫妻同心、夫妇一体、贫富与共。

|当代婚礼会场图|

以"宣誓"和"交换戒指"为核心仪节的当代结婚礼与传统婚礼中的"共牢而食、合卺而饮",或以"交拜、合卺"为核心的结婚礼在形式上虽有很大不同,但它们传达出的"夫妻同心、夫妇一体"的观念是一致的。那么以"宣誓"和"交换戒指"为核心的结婚礼是从什么时候兴起的呢?结合前序章节的内容可知,在晚清时期,北京、上海等地开始出现文明婚礼,到了民国时期,官方在文明婚礼的基础上拟定推行了新式婚礼。在文明婚礼和新式婚礼的结婚礼上,均废弃了"交拜、合卺",取而代之的是"宣誓"和"交换戒指"。逐渐地,以"宣誓"和"交换戒指"为核心的结婚礼逐渐流行,并成为当代婚礼结婚礼的主流。

结婚礼完成后,主婚人(与新郎或者新娘有关的长辈或领导)致辞,表达对新人的祝福和对来宾的感谢。然后就是敬茶礼和敬酒礼环节。敬茶礼是指新郎新娘要向双方父母行三次鞠躬礼,以感谢父母的养育之恩,表达孝道。然后新郎新娘向双方父母敬茶,有的还需要跪地奉茶,表达感恩。通过敬茶礼,男方父母认可新娘为自家的儿媳妇,女方父母认可新郎为自家的女婿。

其实,敬茶礼是对传统婚礼仪式中的见礼仪节的传承。在宋代朱熹的《家礼》中就记载了妇见舅姑和婿见妇之父母的仪节。其强调大婚后新婿和新妇要分别拜见对方的父母和亲族。在清代

| 当代婚礼上的
敬茶礼 |

的一些古籍中也能看到关于这些仪节的记载。据《光绪·昌平州志》载："朝妇出，茶果馈姑舅，家众毕集，序长幼，定称呼，遂理妇事。"意思是说，大婚后第二天早上，新妇要给公公婆婆奉茶和水果。到了民国时期，"见礼"就演变成了"谒见礼"，紧随着结婚礼进行。谒见，也就是"拜见"的意思，谒见礼就是指新郎新娘要向父母和来宾鞠躬。到了今天，敬茶礼就在传统婚礼中的"见礼"和民国新式婚礼中的"谒见礼"的基础上，变成了我们今天看到的样子。这也反映出我们当代婚礼的重要特点——复合性，就是综合了历史上各个阶段的婚礼的形式和内容，复合而成。

敬茶礼后则是敬酒礼。敬酒礼是指新郎新娘在双方父母带领下去给来宾挨桌敬酒。总的来说，虽然当代婚礼上的敬茶礼和敬酒礼同传统婚礼仪式中的仪节在形式上略有不同，但寓意是相同的，都是为了表达对父母和来宾的感谢，以及让亲友见证和祝福新人的婚姻。所以，看似现代感十足的结婚典礼，看似与传统婚礼形式完全不同的婚礼，却与传统婚礼有千丝万缕的联系！这就是文化传承的力量！

敬茶礼、敬酒礼后，在来宾享用婚宴的同时，舞台上一般会有各类歌舞表演，有时还会有新人的亲友专门为新人准备节目为婚礼助兴。

结婚典礼结束后，则是女方家庭请新婚夫妇回女家行回门礼。这在宋代以来的民间都十分流行。回门之后，新婚夫妇通常会出门旅行度蜜月。度蜜月后，当代婚礼

| 当代婚礼上的敬酒礼 |

仪式也就基本完成了。值得一提的是，在当代婚礼中，订婚阶段的仪节十分简单，而迎娶阶段的内容却是复杂而丰富的。这也就使得当代人在提到"婚礼"这个词时，就很自然地认为这个词单单是指婚礼仪式中的迎娶阶段，这样一来，"婚礼"这个词的语义就发生了变化。而这种变化其实是从晚清民国开始，到现当代彻底成型的。希望大家看完这本书，能对"婚礼"有一个更完整的认知。

总的来说，当代婚礼的基本内容是在新式婚礼的基础上进一步发展而来的，同时又有大量传统婚礼内容的复原和重建，这就使得当代婚礼呈现出复合的特征。所以当代婚礼看似十分现代、西化，但实则也有许多传统婚礼的元素。随着传统文化的复兴，人们越来越推崇在婚礼仪式中复原传统婚礼仪式中的各种仪节，借此来丰富婚礼，使得婚礼更有特色和内涵。相信在未来，婚礼还会不断变化，既复原旧的传统，又吸纳新的内容，请大家进一步去观察发现吧！

图书在版编目（ＣＩＰ）数据

婚礼 / 林加编著；萧放本辑主编. -- 哈尔滨：黑
龙江少年儿童出版社，2020.11（2021.8 重印）
（记住乡愁：留给孩子们的中国民俗文化 / 刘魁立
主编. 第七辑，民间礼俗辑）
ISBN 978-7-5319-6544-2

Ⅰ．①婚… Ⅱ．①林… ②萧… Ⅲ．①婚姻—风俗习
惯—中国—青少年读物 Ⅳ．①K892.22-49

中国版本图书馆CIP数据核字(2020)第233027号

记住乡愁——留给孩子们的中国民俗文化   刘魁立◎主编

第七辑 民间礼俗辑   萧　放◎本辑主编

婚礼 HUNLI   林　加◎编著

出 版 人：商　亮
项目策划：张立新　刘伟波
项目统筹：华　汉
责任编辑：杨　柳
校　　对：王冬冬
整体设计：文思天纵
责任印制：李　妍　王　刚
出版发行：黑龙江少年儿童出版社
　　　　　（黑龙江省哈尔滨市南岗区宣庆小区8号楼 150090）
网　　址：www.lsbook.com.cn
经　　销：全国新华书店
印　　装：北京一鑫印务有限责任公司
开　　本：787 mm×1092 mm　1/16
印　　张：5
字　　数：50千
书　　号：ISBN 978-7-5319-6544-2
版　　次：2020年11月第1版
印　　次：2021年8月第2次印刷
定　　价：35.00元